Walter Müller

Dein Kompass zum Glück

www.THERCELSUS.de

www.facebook.com/selbstfindungscoach

Bibliografische Information der Deutschen Nationalbibliothek:

Die Deutsche Nationalbibliothek verzeichnet diese Publikation in der Deutschen Nationalbiografie; detaillierte Daten sind im Internet über http://dnb.dnb.de abrufbar.

www.facebook.com/selbstfindungscoach

www.Thercelsus.de

CreateSpace Independent Publishing Platform

ISBN-13: 978-1482712094

ISBN-10: 1482712091

Inhaltsverzeichnis

Vorwort

Persönlich habe ich mich gefragt: Muss ein Vorwort sein?

Nach langem Für- und Abwägen bin ich zu dem Entschluss gekommen:

Ja!

Somit lernt der Leser den Autor außerhalb des Sachtextes kennen. Das Buch selbst behandelt ein Thema. Das Vorwort beschreibt den Weg, die Entstehung des Werkes.

*Die Idee zum Buch kam, nachdem ich mein erstes Buch: **„Du bist das Glück“** veröffentlicht hatte und mir erstaunlich positives Feedback gewahr wurde. Das war der Grundstein für das neue Thema: **„Dein Kompass zum Glück“**. Ich bin seit Jahren in der Lebensberatung tätig. Nach der Veröffentlichung von „Du bist das Glück“ suchten mich Kollegen auf, die selbst als psychologische Berater, spirituelle Lehrer, Familienaufsteller und Psychotherapeuten tätig sind. Mit Freude erzählten mir die Kollegen, dass sie in ihrem Beruf erfolgreich sind und die Menschen, die zu ihnen kommen, ihre Behandlungsräume mit einem Lächeln auf dem Gesicht verlassen. Gerne hörte ich ihnen zu, da mir dies aus meinem Berufsalltag bekannt vorkam. Doch dann erlebte ich* *eine Überraschung, denn ich wurde gefragt: ‚Wieso kann ich mein Wissen nicht bei mir selbst anwenden? Wieso gibt es Tage, an denen ich es nicht hinbekomme, glücklich zu sein?'*

Ich war erstaunt über die ausgesprochenen Worte und machte mir Gedanken darüber. Ein weiterer Schritt zu diesem Buch.

Nach unzähligen Gesprächen und dem Auseinandersetzen mit den Menschen erkannte ich das Problem der Fragensteller.

Sie konnten mir jegliche Weisheit auswendig vortragen, die sie sich in Seminaren, aus Büchern und Dokumentationen angeeignet hatten. Dennoch war es ihnen selbst nicht möglich, einen dauerhaften inneren Frieden zu finden und ihn zu leben.

Meine Einstellung: Wenn man alles weiß und dennoch nicht glücklich wird, wird man oftmals unglücklicher als zuvor. Drum stellte ich mir die Frage: Wo sollten die bei mir Ratsuchenden nach mehr Weisheit fündig werden?

Welche Weisheit fehlte ihnen noch?

Wieder einmal setzte ich mich damit auseinander und kam zu dem Ergebnis: Keine einzige Weisheit fehlte ihnen.

Als ich dieses erkannte, fragte ich mein Gegenüber: ‚Lebst du selbst eine einzige Weisheit, die du anderen vermittelst?'

Weise ist nicht der, der viel weiß.
Weise ist der, der sein Wissen auch lebt.
Man kann tausende Weisheiten kennen und merkt dennoch nicht, dass man keine von ihnen selbst lebt.
Das Glück steckt nicht in den Weisheiten.
Das Glück steckt im Verinnerlichen der Weisheiten.
Suche nicht nach weiteren Weisheiten.
Hör auf zu suchen und überlasse die Weisheiten deinem Herzen.
Fange an, die Weisheiten zu leben, die du für wahr hältst.
Ein Werkzeug nutzt dir nichts, wenn du es nur im Schrank liegen lässt!

Walter Müller

Extreme Kopfmenschen merken gar nicht, dass sie keine Weisheit verinnerlichen können. Die Weisheit wird gelesen, für wahr befunden und mehr nicht. Erkennt jemand eine Weisheit für sich selbst, sollte er einfach damit beginnen, diese in die Tat umzusetzen.

Alleine dies bewirkt ein Verinnerlichen der Weisheit. Mehr ist nicht nötig. Der Wert der Weisheit wird sofort erkannt.

Und zuvor: Sie sahen den Wald vor lauter Bäumen nicht.

Ein weiteres Problem, dass Regeln gebraucht wurden. Der Gedanke, etwas Schweres tun zu müssen, um eine große Aufgabe bewältigen zu können, um dann am Ende glücklich zu sein. Es wurde sich nicht erlaubt, dass die Ausführung einfach sein darf.

Hätte ich meinem Gegenüber gesagt: ‚Ab jetzt drei Wochen spirituelle Gesänge hören und dabei täglich zwei Stunden meditieren und Sie werden dann Ihre Glückseligkeit finden.' Ich bin mir sicher, dies hätte funktioniert, sie wären meinem Ratschlag eher nachgekommen als ihnen die folgenden Worte ans Herz zu legen:

Man ist ganz einfach glücklich!

Erst wenn versucht wird, glücklich zu sein, wird man unglücklich.

Glück will einfach gelebt werden. Mehr nicht! Man erlaubt es sich und es wird so SEIN. Solange du suchst, wirst du nicht finden.

Und wenn du jetzt sagst: ‚Der hat gut reden, der sagt das so einfach', dann, hältst du nun das richtige Buch in den Händen.

Es gibt diesen einfachen Weg tatsächlich. Es gibt universelle Gesetze und Regeln, die dir den Weg ins Glück zeigen können. In diesem Buch findest du genau das Werkzeug, dass du brauchst, wenn du zu den Zweiflern gehörst und nicht in der Lage bist, Weisheiten zu leben. Das Buch ist so aufgebaut, dass die Themen ineinander übergehen und dir Stück für Stück klarer wird, wo dein Problem liegt. Du wirst Zusammenhänge erkennen und dir die Dinge selbst erklären, die dich bis jetzt daran hindern glücklich zu sein.

Es ist eine Anleitung, ein Kompass für den Kopf, für deine Gedanken, um aus dem Labyrinth herauszufinden, in die Stille.

Resonanzgesetz – Gesetz des ‚Gleiches zieht Gleiches an'

Eines der wichtigsten kosmischen Gesetze, um in ein glückliches Leben zu gehen.

Kosmische Gesetze sind dem Einen sehr bewusst und dem Anderen überhaupt nicht.

Dennoch sind sie so wahr wie die Fliehkraft oder die Anziehungskraft.

Werden zwei Gitarren nebeneinander gestellt und an einer Gitarre wird eine Saite gezupft, schwingt bei der anderen Gitarre die gleiche Saite mit.

Dies bedeutet: Die Saite der zweiten Gitarre ist in Resonanz gegangen mit der gezupften Saite der anderen Gitarre.

Unser Denken erschafft Frequenzen, die wir nicht messen können, die aber dennoch eine besondere Wirkung auf unser Leben haben. Mit unserem Denken ziehen wir das in unser Leben, was wir denken.
Denken wir vermehrt negativ, wird uns dieses im Außen gespiegelt.

Ein unbewusst lebender Mensch wird darin eine Bestätigung sehen, dass er recht hat, und erkennt nicht, dass er es selbst immer wieder durch seine negativen Gedanken in sein Leben ruft.

Schon Albert Einstein und Leonardo da Vinci war das Gesetz der Resonanz bekannt.

Erschaffen wird, was gedacht oder gesagt wird.

Schau auf dein eigenes Leben zurück. Du wirst erkennen, dass sich die Welt immer so gezeigt hat, wie du sie vor deinem inneren Auge gesehen hast. Es hat sich bestätigt, was du zuvor gedacht hast. Oder?

Drum sei dir im Klaren darüber, wie mächtig deine Gedanken sind und dass es kein Zufall ist, dass dies im Außen so ist, wie es ist.

Dass sich eigentlich immer das bestätigt hat, was du vorausgesagt hast.

Hast du dich nicht oft gewundert, dass andere Menschen die Welt anders sehen und du überhaupt nicht verstehen konntest, wieso sie das Leid und die Negativität auf dieser Erde nicht sehen wollen? Oder können?

Die Welt wird sich weiterhin so offenbaren, wie sie in uns selbst aussieht. Wir werden uns ständig dem zuwenden, was mit unserem Inneren in Resonanz ist.

Das Äußere ist ein wunderbarer Spiegel unseres Inneren, und wenn wir lernen, diesen zu deuten, ist dies ein wunderbares Geschenk.

Versuche Folgendes: Lache einen Menschen auf der Straße an. Einen wildfremden Menschen, den du nie zuvor gesehen hast und du wirst sehen, dass dieser Mensch mit dir in Resonanz geht und zurück lächelt.

Lächeln steckt in jedem von uns und hat eine besonders hohe Schwingung, dass dem kaum einer widerstehen kann.

Beobachte dich selbst, wenn du schlechte Laune hast. An diesem Tag wird dir fast nichts gelingen und du siehst um dich herum nur schlecht gelaunte Menschen. Die Welt wirkt grau und alles hat sich anscheinend gegen dich verschworen. Liege ich dort richtig?

Gut, dann beobachte dich, wenn du vor Freude überschäumst. Plötzlich lächeln die Menschen dich an, als hätten auch sie etwas zu feiern. Du steigerst mit deiner Freude eine Anhebung der Schwingung in das Leben anderer Menschen. Und fühlst dich dabei wohl. Stimmt es?

Tue jemandem einen Gefallen, ohne das derjenige es selbst bemerkt. Danach wirst du fühlen, wie gut es dir damit geht. Du wirst irgendwann erkennen, dass dir viel Gutes entgegenkommt, ohne dass du es erwartet hast.

Wichtig sind hierbei deine positiven Gedanken. In ihnen steckt die Kraft. Wenn du ständig denkst oder sagst: ‚Bei mir trifft das nicht zu' oder ‚Ich habe es nicht verdient', darfst du dich überhaupt nicht wundern, dass es genau so sein wird.

Wenn du dich andauernd über alles ärgerst, solltest du dich nicht wundern, dass immer mehr in dein Leben kommt, das dich ärgert.

Es ist der Spiegel, der unaufhörlich auf sich aufmerksam macht und dir sagen will, wo du in deinem Inneren aufräumen kannst.

Alleine das Erkennen löst Inneres auf. Das Erkennen und dann das Loslassen.

In den vorangegangenen Zeilen steckt viel Wahrheit. Damit kannst du bewusst dein Leben in eine völlig neue Bahn lenken. Fang am besten direkt damit an. Worauf wartest du?

Du kannst dir eine Welt erschaffen, wie du sie gerne haben möchtest. Eine Welt, in der du dich vollkommen wohlfühlst.

Gehe in die Selbstverantwortung und werde bewusster Schöpfer deiner Realität. Nimm dein Leben in deine Hand und erfahre, wie gut sich das anfühlt und dich selbstbewusster machen wird.

Gib niemandem die Schuld für dein Leben, denn das hat dir bis jetzt auch nicht geholfen. Es hat dir vielleicht kurz gut getan, einen Schuldigen zu finden. Aber in ein glücklicheres Leben hat es dich nie geführt.

Das Thema Selbstverantwortung werde ich im späteren Text genauer beschreiben.

Jetzt ist es wichtig, dass du anfängst, dich auf Dinge zu konzentrieren, die dir Freude bringen. Bewerte nicht die Dinge, die vorher etwas Negatives in dir ausgelöst haben.

Nimm deinen Blick weg von Dingen, die du nicht haben willst, und lenke deinen Blick auf Dinge, die du gerne siehst, ohne jegliche Erwartung.

Kampf ist eine Illusion und nährt die Dinge, die du nicht haben willst. Erkenne die Illusion und lass sie los!

Nimm sie an oder akzeptiere sie.

Fühle, was sich für dich stimmig anfühlt.

Rede dir nichts schön, was du nicht schön sehen kannst.

Eine neutrale Betrachtung hilft dir auf deinem Weg.

Sei nicht gegen etwas, sondern finde heraus, wofür du bist und fördere dies.

Lenke deinen Fokus auf die schönen Dinge des Lebens und nähre sie mit deinen positiven Energien, damit diese Energien in dein Leben treten können.

Erkennst du gerade?: Wenn jeder die Verantwortung für sein Leben übernehmen würde, würde unsere Welt ohne große Mühe viel schöner werden.

Schau nicht auf die anderen.

Mache du den ersten Schritt für dich in eine schönere Welt.

Lasse andere Menschen daran teilhaben.

Lade sie ein und zeige ihnen, wie einfach es ist Schönes zu erleben.

Ist dein Gegenüber bereit, ist das wunderschön. Ist er nicht bereit, akzeptiere seinen Weg und gehe deinen eigenen Weg weiter.

Vergiss nicht:

Alles, was du denkst und sich stimmig anfühlt, wird in dein Leben treten, weil du es mit deinen Gedanken erschaffen hast.

Alles, was du denkst und sich stimmig anfühlt, wird sich in deinem Leben manifestieren.

Somit komme ich zum nächsten Thema, dass dir helfen wird, deine Glaubenssätze zu ändern oder sogar zu lösen.

Wenn du keinen Weg mehr hast, dann bist du am Ziel.

Wege entspringen der Dualität.
Das Leben im Sein ist ein Fluss und das Ego wird zum Beifahrer.
Das Ego verliert sich irgendwann im Sein und erkennt, dass es Liebe ist.
SEIN ist der vollkommene Zustand.

Begriffe wie Weg und Ziel haben hier keine Wertigkeit mehr.
Sage deinem Herzen: Dein Wille geschehe.

Lehne dich zurück und genieße das Leben als Zuschauer.
Dinge, die du zu einem glücklichen Leben brauchst, wirst du intuitiv tun.
Das Leben im Sein bedeutet nicht, nichts mehr zu tun.
Es bedeutet: Handeln aus dem Herzen heraus.

Walter Müller

Spiegelgesetze

1.Spiegel-Gesetz

Alles, was mich an meinen Mitmenschen stört, ärgert, aufregt oder in Wut geraten lässt, und ich es anders haben will, habe ich selbst in mir.

Lösung: Erkenne, was in dir vorgeht. Nimm es an und bringe es in eine Neutralität. Bedanke dich innerlich bei deinem Mitmenschen. Bedanke dich, dass etwas in dir ausgelöst wurde und du dadurch die Gelegenheit hattest, etwas von dir zu transformieren (zu wandeln), dass dir für die Zukunft dienlich sein wird.

2.Spiegel-Gesetz

Alles, was ich an meinem Gegenüber kritisiere oder sogar bekämpfe und verändern will, kritisiere, bekämpfe oder unterdrücke ich in Wahrheit in mir und hätte es gerne anders.

Lösung: Zuerst sich selbst fragen: Wieso löst es bei mir solche Emotionen aus, wenn ich diesen Menschen sehe? Warum will ich ihn verändern?

1. Beispiel: Jemand ist selbstbewusst und du siehst ihn als arrogant an. Verhält es sich so, dass du gerne ein selbstsicheres Auftreten hättest? Frage dich dieses mit dem Herzen.

2. Beispiel: Jemand kommt beständig zu spät zur Arbeit. Obwohl du überhaupt keinen Nachteil dadurch hast, ärgerst du dich über diesen Menschen. Kann es sein, dass du gerne seine Gelassenheit hättest?

Es gibt noch etliche Beispiele, die ich aufführen könnte und du würdest verwundert sein, wie sehr du dich selbst in den Dingen, die dich im Außen stören, wiederfindest.

3.Spiegel-Gesetz

Alles, was der andere an mir kritisiert, bekämpft und verändern will, und ich mich deswegen verletzt fühle, so betrifft es mich. Dann hat in mir keine Erlösung stattgefunden, meine gegenwärtige Persönlichkeit fühlt sich beleidigt - der Egoismus ist stark ausgeprägt.

Lösung: Dadurch kommt die Erkenntnis zustande, dass Selbstzweifel vorhanden sind. Oder dein Gegenüber hat recht mit dem, was er sagt und du willst es nicht wahrhaben. Sonst würdest du weiterhin in deiner Mitte verweilen, weil du ja weißt, dass es nicht stimmt. Für dich ist das eine Gelegenheit zu schauen, was es da noch in dir zu lö-

sen gibt oder du für dich ändern könntest.

4. Spiegel-Gesetz

Alles, was mein Gegenüber an mir kritisiert und mir vorwirft oder anders haben will und bekämpft, und mich dies nicht berührt, so sind es seine eigenen Bilder, sein eigener Charakter, seine eigenen Unzulänglichkeiten, die er auf mich projiziert.

Lösung: Du wirst erfahren, wie gut das tut, wenn du aus alten Mustern aussteigen kannst und nicht ständig reagierst, wenn bestimmte Situationen auftauchen.
Du hast dann deinen Weg erkannt und deine Erfahrung daraus gezogen.

5. Spiegel-Gesetz

Alles, was mir am Mitmenschen gefällt, was ich an ihm liebe, bin ich selbst, habe ich selbst in mir und liebe dies in meinem Gegenüber. Ich erkenne mich selbst darin - in diesen Angelegenheiten sind wir eins.

Lösung: Wenn du die Menschen nur noch lieben kannst, bist du bei dir angekommen. Du hast dich gefunden in der Einfachheit.

Lebt Weisheiten, die ihr als Wahrheit erkannt habt.

Fast jeder kennt die Weisheit.

‚Das Äußere ist immer ein Spiegel des Inneren.'

Und jeder, dem es mal gut oder mal schlecht ging, kann dies bestätigen. Geht es einem gut, dann werden die schönen Dinge des Lebens gesehen und das ist besonders wertvoll. Geht es einem schlecht, wird fanatisch an den schlechten Dingen in dieser Welt festgehalten. Scheuklappen werden angelegt, für das Schöne dieser Welt. Anstatt diesen Spiegel als Geschenk zu sehen, als Hinweis, wo denn aufgeräumt werden muss, fangen die Menschen an, den Spiegel zu putzen. Sie versuchen, das Außen zu ändern. Sie wollen Gott und die Welt retten und können nicht verstehen, wieso ihre Mitmenschen das nicht sehen wollen. Aber! Es ist nicht das ‚nicht sehen wollen'.

Sondern, es ist das ‚sehen können', aber wissen, dass man die Welt verschönert, wenn bei sich selbst angefangen wird. Wenn jeder Mensch die vorangegangenen Worte verstehen würde, wäre diese Welt ein Paradies für uns alle. Menschen, die im Leid stecken, werden sagen: ‚Aber die anderen machen das ja auch nicht.' Natürlich! Es sind nur die anderen, die jedoch dein

Spiegel sind. Fang an bei dir aufzuräumen und du wirst sehen, wie viele bereits mit dem Aufräumen angefangen haben, um diese Welt zu verändern. Sei bewusster Erschaffer deines Spiegelbildes. Je länger du versuchst, den Spiegel zu putzen, desto matter wird er. Irgendwann wirst du dich nicht mehr darin sehen können und dich verlaufen.

Das eine schließt das andere ja nicht aus, darum: Putze den Spiegel und reinige dein Inneres.

Sei DU selbst das, was DU gerne in dieser Welt sehen würdest.

Willst du Frieden, Liebe und Harmonie sehen, solltest du bei dir damit anfangen.

Lächle in diese Welt hinein und sie wird dir zurücklächeln.

Deine Welt

Die Welt ist dein Spiegel. Alles, was du siehst, bist du selbst. Alles, was du siehst, ist das, was du zu sein glaubst.

Du siehst, wie sowohl deine Liebe als auch deine Dunkelheit sich in einem unendlichen Film vor dir entfalten. Alles, was du tust, tust du dir selbst an. Jeden Angriff, den du führst, führst du gegen dich selbst.

Verurteile, und du sperrst dich selbst ein. Dein Angriff gegen einen anderen Menschen ist Schattenboxen gegen das, was du an dir selbst nicht ausstehen kannst.

Deine Welt zeigt dir alle Schichten deines Geistes.

Selbst Buddha sagte:

Es ist dein Geist, der die Welt erschafft.'

Wenn du die Welt verändern möchtest, dann höre auf, die Projektionen auf der Leinwand verändern zu wollen.

DU musst den Film verändern, den du drehst, denn andernfalls wirst du nicht erfolgreich sein.

Getrennt zu sein ist es gewiss nicht wert, den Himmel dafür zu verlieren.

Es ist an der Zeit, der Welt zu vergeben und nach Hause zu gehen.

Um die Welt zu reinigen, musst du die Verschmutzung in dir selbst reinigen.

Heute ist es an der Zeit, den Spiegel deines Geistes zu reinigen, damit die Schönheit sichtbar werden kann.

Segne deine Welt, und segne dich selbst. Jedes Mal, wenn du gibst, wird dir gegeben. Vergib allen Mitmenschen; und du bist befreit. Wenn du in dir heilst, dann wird deine Welt von Frieden erfüllt und frei sein.

Wenn du vergibst, dann siehst du eine durch Gnade verwandelte Welt.

Eine lichtvolle Welt verbirgt sich hinter dem, was du geschaffen hast. Vergraben unter dem, was du aus dir gemacht hast, strahlt ein erhabenes von Liebe erfülltes Licht. Dieses Licht leuchtet immer, und es wartet darauf, dass du dich erinnerst.
Es ist an der Zeit, dass du dir vergibst und dich selbst entlässt, um die Welt von Qual und Folter zu befreien.

Deine Welt zeigt Knechtschaft und Verbundenheit.
Alles hängt von deiner Antwort ab.
Du könntest den Himmel auf die Erde bringen.
Erwache heute für die Felder des Lichts.
In dem Maße, in dem du sie in dir selbst entdeckst,
siehst du ihr Spiel in dir selbst und in allen Menschen für alle Zeit.

Verfasser unbekannt

Suchst du Glückseligkeit und innere Zufriedenheit?

Suchen kannst du mit dem Verstand.

Finden kannst du nur mit dem Herzen.

Dein Verstand hat dir lange Zeit vorgemacht, dass er den Weg zum Glück kennt.

Jetzt ist es an der Zeit, deinem Herzen zu vertrauen.

Die Wahl liegt an dir. Verstand oder Herz!

Ich rate dir: Wähle den Weg deines Herzens und du wirst mehr bekommen, als du jemals erwartet hast.

Das Herz weiß, wann der Verstand aktiv werden muss.

Der Verstand hat keine Vorstellung von dem, was das Herz weiß.

Walter Müller

Die Opferrolle

Auf dem Weg zu dir selbst werden dir Menschen begegnen, die in ihrer Opferrolle leben und aus dieser nicht wirklich austreten wollen. Diese Menschen sind von der Liebe anderer abhängig. Sie haben verlernt, sich selbst zu lieben. Für dich ist es wichtig zu lernen, wann du von solchen Menschen ablassen solltest. Einige Menschen sind nicht bereit, in die Selbstermächtigung zu gehen und brauchen diese Erfahrungen. Du brauchst die Menschen nicht verlassen oder dich von ihnen abwenden. Du solltest irgendwann keine Zeit mehr für Hilfe investieren, wenn du bemerkst, dass all deine Hilfe ständig verpufft. Oder dieser Mensch dir wiederholt verständlich machen möchte, dass sein Befinden gerechtfertigt sei. Die Opferrolle ist gleichzeitig eine Täterrolle. Menschen, die eine Opferrolle spielen, beschuldigen gerne andere Menschen für ihr Unglück, um ein schlechtes Gewissen in ihrem Gegenüber hervorzurufen. Du wirst mit diesem schlechten Gewissen umgehen, wie das Opfer es gerne sehen möchte. Es kommt häufig vor, dass du böse beschimpft wirst, wenn du irgendwann von ihnen ablässt. Sie bezeichnen dich als Egoist, wenn du dich von ihnen abwendest.

In dem Moment ist es wichtig für dich, zu erkennen, dass diese Person nicht bereit ist. Begreife, dass es Menschen gibt, die auf ihre Weise lernen und ihren Weg auf ihre Art gehen. Du wirst merken, dass du dich selbst in einen Teufelskreis begibst und deine Ehrenrunden drehst, wenn du abermalig mit deinem schlechten Gewissen auf das Gewollte eingehst.

Steig aus! Erlaube es dir, deine nächste Erfahrung zu machen, die dir dienlich sein wird. Sage diesem Menschen, dass du für ihn da bist, wenn er wirklich bereit ist, aus seinem Leid auszusteigen. Mehr kannst du für die Person nicht tun. Diese

Erfahrung gehört zum Weg dazu und ist weder negativ oder positiv einzustufen.
Auf dem Weg, den wir bestreiten, sind wir alle mal Täter und mal Opfer. Verurteile niemanden, denn das meiste geschieht völlig unbewusst.
Einiges wird dir erst im Nachhinein auffallen und du wirst dich bestimmt oftmals fragen: Wieso habe ich das zuvor nicht kommen gesehen?

Hab wahres Mitgefühl mit den Menschen, die sich auf ihrem Weg befinden, der noch im Dunklen liegt. Mitgefühl lässt dich selbst nicht in Groll oder Ärger zergehen und dies ist wiederum für deinen eigenen Weg besonders wichtig.

Glaubenssätze

Glaubenssätze prägen unbewusst unser ganzes Leben. Glaubenssätze sind Gedankenkonstrukte, die unser Handeln bestimmen. Wir programmieren uns unbewusst selbst und immer wieder neu. Unser Unterbewusstsein sieht Glaubenssätze als Befehl an. Als Programmierung fürs Leben.

Sage ich mir ständig selbst:

- Ich bin es nicht wert geliebt zu werden.

- Niemals gelingt mir etwas.

- Keiner liebt mich.

- Alles, was ich anfasse, geht in die Hose.

- Mein Leben ist sinnlos.

- Ich habe es nicht verdient geliebt, geachtet zu werden.

Mit jedem dieser Sätze programmieren wir uns in eine Richtung, die uns nicht gut tut, und beschweren uns hinterher, wenn genau diese Sätze in unser Leben treffen, die wir selbst hervorgerufen haben!

Lösung:

Ändere deine Glaubenssätze und somit deine Programmierungen.

- Ich bin es wert, geliebt zu werden. Ich bin liebenswert.

- Mir gelingt alles.

- Ich werde geliebt.

- Alles hat seinen Sinn.

- Mein Leben ist lebenswert.

- Alles, was ich anfasse, wird gelingen.

- Ich werde geliebt und geachtet.

- Ich habe es verdient ein glücklicher Mensch zu sein.

Und was sagt der Verstand zu diesen Worten:

‚Das alles stimmt doch gar nicht!'

Für den Moment stimmen die Aussagen nicht.

Doch sei dir gewiss:

Deine neue Programmierung wird sich entfalten.

Dein Inneres, das Unterbewusstsein wird alles daran geben, dass du die oben genannten Worte im Äußeren sehen wirst.

Du erlaubst sie dir zu leben.

Wodurch entstehen Glaubenssätze?

In erster Linie sind es Dinge, die wir von unseren Eltern übernommen haben.

Menschen, die einen großen Einfluss auf uns hatten, haben wohl an unseren Glaubenssätzen mitgewirkt.

Die Medien, das Fernsehen, die Zeitung, das Radio und das Internet geben ihren Teil dazu. Eigene Erfahrungen und Erlebnisse erzeugen Glaubenssätze und wir vergessen mit der Zeit, dass Erfahrungen und Erlebnisse nicht allgemeingültig sind und sich von Zeit zu Zeit ändern können.

Glaubenssätze können aus einem früheren Leben stammen. Es ist uns selbst erlaubt, sich von diesen freizusprechen. Nur weil der Verstand diesen Vorgang nicht nachvollziehen kann, heißt das nicht, es würde nicht wirken. Es gibt genügend Affirmationen, die dich dabei unterstützen.

Auf das Thema Affirmationen komme ich im späteren Verlauf zurück.

Ich sage:

<u>Nichts ist so beständig, wie der Wandel.</u>

Wie du erkennen kannst, sind Glaubenssätze nützlich, wenn du weißt oder erlernst, wie sie richtig anzuwenden sind.

Du brauchst nur zu erkennen, welche Glaubenssätze dich einschränken und welche deiner Entwicklung dienlich sind.

Glaubenssätze festigen sich, indem öfters das Gleiche erlebt und es dann als Wahrheit abspeichert wird. Dennoch kann sich das Leben und die Situation ändern und du verfährst weiterhin mit der dir bekannten Wahrheit, die zu dem Zeitpunkt vielleicht keine mehr ist. Diese „alte“ Wahrheit steht dir im Wege.

Mache dir fortwährend bewusst, wenn du einen Glaubenssatz in dir entdeckst, dass du diesen zu jeder Zeit erneuern oder löschen kannst. Glaubenssätze sind nicht so fest verankert, wie geglaubt wird. Nur allein der Glaube daran lässt sie schwer lösen. Ist dir bewusst, wie leicht es ist, die Glaubenssätze aufs Neue zu gestalten, zu lösen oder zu transformieren, wird es eine Leichtigkeit für dich, dein Leben absolut neu zu erschaffen.

Lösung:

- Hinterfrage deine Glaubenssätze!

- Suche den Nutzen oder die Einschränkung, die sie in dir bewirken.

- Wähle neue Glaubenssätze bewusst aus, bevor du sie als Wahrheit für dich übernimmst.

- Wähle Glaubenssätze so aus, dass sie mit dem übereinstimmen, was du gerne in Zukunft sehen möchtest.

Beim Verankern verwende nicht die folgenden Sätze:

- Das wird immer so sein.

- Das ist die absolute Wahrheit.

Sondern:

Lasse es dir offen, damit du sehen kannst, wie es sich entwickelt.

Beobachte deine Mitmenschen und höre ihnen gut zu. Du wirst viele Glaubenssätze bei ihnen erkennen, die Personen einschränken. Du wirst selbst erkennen, wie die Menschen sich ihr eigenes Leben gestalten, ohne das es ihnen bewusst ist.

Mein Rat:

Versuche nicht der Messias zu sein und lerne erst mal für dich selbst dazu. Setze deine neu gewonnene Energie für dich selbst ein.

Mit deinem späteren Wissen kannst du in der Zukunft genügend Menschen die Augen öffnen.

Wandle folgenden Glaubenssatz um:

Aus:

Das kann nicht gehen.

In:

Das wird schon gehen.

So hast du wenigstens die Möglichkeit zu erfahren, ob etwas klappen kann oder nicht, und stellst dir selbst kein Beinchen.

Von Mal zu Mal wirst du dir deiner selbst ansteigend bewusster und lernst irgendwann mit Freude und von ganz alleine dazu.

Glaubenssätze können jederzeit überprüft und geändert werden.

Sag, findest du es nicht wunderbar, zu erkennen, wie einfach es sein kann, das eigene Leben in neue Bahnen zu lenken?

Dankbarkeit für alles, was ist.

Eines der wichtigsten Werkzeuge, die wir auf unserem Lebensweg mitbekommen haben, ist die ***Dankbarkeit*** *für das, was ist.*

Wenn du die Dankbarkeit immer aufs Neue aufleben lässt, wirst du das Schöne im Leben erkennen dürfen und wirst nicht blind für die Dinge sein, die dir im Leben gut tun.

Dankbarkeit nennt man den Königsweg zum Glück.

Leider wird oft genug vergessen, wie gut es einem eigentlich geht, und beschweren uns auf hohem Niveau.

Sich immerzu bewusst zu machen, was du alles hast, lässt Dankbarkeit wieder in dir aufleben.

Wenn dir bewusst wird, dass es Länder gibt, in denen Menschen den Hungertod sterben, wird dir schlagartig bewusst, wie gut es dir selbst geht. Nach einer solchen Feststellung lenke dein Bewusstsein wieder auf die schönen Dinge im Leben.

Damit möchte ich nicht ausdrücken, dass du für Hunger leidende Menschen nichts tun darfst. Das ist dir selbst überlassen. Nur dem Ganzen negative Gedanken schenken, wird das Elend nicht aus der Welt schaffen und somit nur mehr Negativität in dein eigenes Leben bringen.

Aber dies ist dir ja bereits bekannt.

Ich weiß, es ist nicht immer einfach dankbar zu sein. Misserfolge, die sich häufen, oder wenn du denkst, das Glück hätte dich verlassen. Doch Dankbarkeit, Glück und Erfolg hängen von Grund auf zusammen – sind EINS.

Dankbarkeit ist nicht selbstverständlich. Sie bringt ein mächtiges Gefühl mit sich, das in der Lage ist, dein Leben vollkommen zu verändern. Dankbarkeit löst eine innere Zufriedenheit in dir aus, die dir Energie schenkt für gute Taten.

Es ergibt sich für dich die Möglichkeit, scheinbar Schlechtes in einem neuen Licht zu sehen. Neue Perspektiven eröffnen sich und diese erlauben dir neue Wege im Leben einzuschlagen.

Lösung:

- Danke dafür, dass du jeden Tag genug zu essen hast.
- Danke dafür, dass du ein warmes Dach über dem Kopf hast.

- Ein Danke, für deine Kleidung, die dich warm hält.

- Sage Danke zur Natur, die du kostenlos genießen darfst.

- Danke der Sonne, die dir Wärme und Energie schenkt.

Sicherlich fallen dir andere Dinge ein, für die du dankbar sein kannst. Spreche sie aus. Du wirst spüren, dass sich in dir ein Gefühl von Freude ausbreitet. Deine Seele freut sich darüber, dass du nun einen Weg gehst, der dir Schönes auf deinem Weg bereiten wird.

Die Zufriedenheit und die Dankbarkeit sind zwei unzertrennliche Weggefährten, sie verstehen einander blind.

Du kannst auch für deine Mitmenschen dankbar sein. Nicht nur für die, die du magst oder liebst.

Auch für die Menschen, aus denen wir lernen, die uns spiegeln.

Jeder Mensch, der in dein Leben tritt, ist dir ein Spiegel und dafür kannst und solltest du dankbar sein.

Jede Person, die in dein Leben tritt, ist dir eine Lehre, wenn du sie erkennst und annimmst.

Krankheiten sind ein weiterer Hinweis. Sie reißen dich aus dem Leben, wenn die Seele dich sonst nicht mehr erreichen kann. Wenn du dich zu sehr von dir selbst entfernst. Die Krankheit sagt dir: Schau in dich hinein, damit du sehen kannst, welche Erfahrungen die Seele (somit du) machen möchte. Sie möchte, dir sagen, dass du nicht dazu da bist, es anderen ständig recht zu machen.

Schau auf dich selbst!

Wenn du aufhörst, immer das Negative in allem sehen zu wollen, erkennst du, wie perfekt im Grunde alles ist, wenn du es zu deuten lernst.

Probleme werden zu Aufgaben und du lernst durch sie zu wachsen, anstatt vor ihnen stehen zu bleiben und sie als Grund für dein schlechtes Leben zu beschuldigen.

Du brauchst nicht jede Aufgabe zu lösen. Du hast das Recht zum Loslassen! In dem Fall ist das vorige Erkennen wichtig und das in sich hinein fragen:
Brauche ich diese Erfahrung? Ist sie wichtig für meinen Weg?

Aufgabe:

Schreibe auf, wofür du im Leben dankbar sein kannst. Du wirst überrascht sein, wie vieles dir durch das Niederschreiben bewusst wird.

Bedenke:

Du bist dabei dein Leben in neue Bahnen zu lenken und es ist wichtig, dass du ehrlich zu dir selbst bist!

Eine innere Ruhe wird dich durchdringen. Du wirst spüren, wie etwas in dir auflebt und dir sagen will, dass es sich freut, dass du nun wieder bereit bist, die schönen Dinge des Lebens zuzulassen.

- Es ist ein Gefühl des nach Hause kommen.

- Ein Gefühl von: Ich bin auf dem richtigen Weg!

- Ein Gefühl von: Ist es wirklich so einfach?

Ja! Es ist wirklich so einfach!

Rufe es dir zu Anfang jeden Tag in dein Bewusstsein

Wofür kann ich heute dankbar sein?

Welche Geschenke hält der Kosmos heute für mich bereit?

Spreche deinen Dank dafür aus.

Bald schon wirst du erkennen, dass Menschen in dein Leben treten, die auch dankbar sind. Du wirst Menschen verstehen, von denen du früher gedacht hast, die sind fern von jeglicher Realität. Ja! Sie waren fern von der Realität.

Sie waren fern von deiner Realität und haben bereits die schönere Realität gelebt. Deine Mitmenschen leben die Realität, die sie mit ihren eigenen Gedanken erschaffen haben.

Du hast die freie Wahl.

Mache es dir ständig bewusst!

Zu Anfang wird es dir sicherlich schwer fallen. Bleibe dran! Gibt nicht auf. Von Tag zu Tag wird es leichter für dich.

Wer kennt ihn nicht, den Spruch: ‚Es ist noch keine Meister vom Himmel gefallen.'

Ich merke an: obwohl es sich dort um einen Glaubenssatz handelt, der einschränkt. Drum sofort wieder aus dem Kopf löschen!

Vielleicht bist du der Meister, dem das auf Anhieb gelingt!

Erlauben

Hast du dich selbst schon mal gefragt, ob du es dir überhaupt erlaubst, glücklich zu sein? Bei vielen Menschen verhält es sich so:

Ist die Frage erst einmal gestellt, kommt Erstaunen auf.

Nach einer Zeit, in der die Person in sich gehorcht hat, kommt es zu der Erkenntnis, dass sie es sich selbst nicht erlaubt glücklich zu sein.

Ein Gefühl steht der Person im Weg:

- Ich habe es nicht verdient.

- Ich bin es nicht wert, glücklich zu sein.

Lehn dich zurück und frage dich selbst:
- Wie ist es bei mir?

- Bin ich es wert, ein glücklicher Mensch zu sein?

- Habe ich es verdient ein glücklicher Mensch zu sein?

Ist deine Antwort: ja? Hast sich dabei das passende Gefühl eingestellt? Wenn nein, dann forsche weiterhin in dir:

- Wieso bin ich nicht mit mir im Einklang, wenn ich mir diese Frage stelle?

Bitte sei ehrlich zu dir selbst, weil deine Antwort ein großer Schritt in deiner Entwicklung bedeutet. Finde heraus, woran es liegt und löse es.

Loslassen!

Erlaube dir, ein glücklicher Mensch zu sein.

Sag dir folgende Worte und verinnerliche sie:

- Jeder Mensch hat es verdient glücklich zu sein!

- Ich ganz besonders!

Sprich die Worte aus tiefstem Herzen.

Unterschätze nicht die Wirkung, die sich dadurch entfalten wird.

Mach dir diese Bedeutung immer wieder bewusst.

Denn:

Wie willst du ein glückliches Leben erfahren, wenn du nicht bei dir selbst damit anfängst?

Wenn du es dir nicht mal aus tiefstem Herzen erlaubst?

Es liegt an dir selbst!

Entscheide dich

Dich bewusst für deinen Weg ins Glück zu entscheiden, stärkt dich von innen. Wenn du die Zusammenhänge von Bewusstsein und Unterbewusstsein verstehst, erkennst du, dass es nicht zu unterschätzen ist, sich bewusst zu entscheiden. Bewusst nehmen wir ca. 5% von dem wahr, was um uns herum passiert. Unser Unterbewusstsein nimmt 95% davon wahr!

Wenn ich hier von selbstbewusst schreibe, meine ich klar und deutlich; sich seiner 100% selbst bewusst zu sein!

Deswegen sind Affirmationen ein mächtiges Werkzeug für unser Unterbewusstsein. Auf Affirmationen werde ich im folgenden Thema näher eingehen.

Dein Unterbewusstsein ist eigentlich der Held, wenn es darum geht, wieder ein glückliches Leben zu erfahren. Alles, was du deinem Unterbewusstsein bewusst oder unbewusst mitteilst, wird es unweigerlich ausführen. Dabei macht es keinen Unterschied, ob es für dich produktiv oder eher kontraproduktiv ist.

Sätze wie:

- Ich habe immer Pech.

- Ich treffe immer auf die gleichen Partner, die mir nicht gut tun.

Diese Aussagen werden genauso in dein Leben gerufen, wie positive Sätze (Affirmationen). Drum achte darauf, was du denkst und aussprichst. Es setzt sich in dir fest. Verwende positive Sätze. In welcher Zeit die Wirkung deiner Affirmationen eintrifft, solltest du deinem Unterbewusstsein überlassen. Der Verstand kann diese Ebene überhaupt nicht erfassen.

***Was sind Affirmationen**?*

Die Energie folgt der Aufmerksamkeit. Wir sind, was wir denken.

Hast du mal darauf geachtet, was du die meiste Zeit denkst?

Fällt dir auf, dass sich deine Gedanken im Außen immer wieder zeigen?

Täglich denken wir bis zu 45.000 Gedanken.

Wie ist es bei dir?

- Sind deine Gedanken eher positiv, voller Liebe und konstruktiv?

Oder:

- Sind deine Gedanken eher ängstlich, zweifelnd und voller Schuldgefühle?

Bist du dir bewusst, dass all diese unscheinbaren Gedanken, die oftmals nicht länger als den Bruchteil einer Sekunde existieren, dein Leben bestimmen?

Bist du dir bewusst, dass du nur deine Gedanken ändern brauchst und sich dein Leben dann auch ändert?

Du brauchst nicht sofort anzufangen positiv zu denken. Du kannst erst einmal damit anfangen, deine Gedanken zu beobachten. Deine Gedanken nicht mehr zu werten. Somit setzt du den ersten Stein zum Umdenken.

Achte auf Deine Gedanken,
denn sie werden Deine Worte.

Achte auf Deine Worte,
denn sie werden Deine Taten.

Achte auf Deine Taten,
denn sie werden Deine Gewohnheit.

Achte auf Deine Gewohnheiten,
denn sie werden Dein Charakter!

Achte auf Deinen Charakter,
denn sie werden Dein Schicksal.
Autor unbekannt

Entscheide dich bewusst, deine Gedanken aufmerksam zu beobachten und immer dann, wenn sie negativ und destruktiv sind, ersetze sie durch eine Affirmation.

Nur du allein kannst auf deine Gedanken achtgeben und damit Verantwortung für dein Denken und damit für deine Gefühle, deine innere Kraft und deine Zukunft übernehmen.

Affirmationen sind somit Befehlssätze an das Unterbewusstsein.

Positive Sätze, die ständig gelesen werden sollten. Nach circa sieben Mal täglichem Anwenden verankern sich die Sätze im Unterbewusstsein.

Aufgabe:

Schreibe dir die wichtigsten Ziele, die du erreichen möchtest auf Kärtchen und lese sie immer und immer wieder.

Sei dir hiermit sicher, sie werden ihre Wirkung erzielen. Es ist wenig Arbeitseinsatz für große Wunder, die in dein Leben treten werden. Die Energie folgt immer der bewussten Aufmerksamkeit.

Somit wirst du mit den Affirmationen anfangen, dein Leben bewusst in eine bestimmte Richtung zu lenken. Du wirst dein Leben neu erschaffen.

Die größte Wirkung entfalten Affirmationen, wenn es dir grade nicht besonders geht. Lese ein paar Affirmationen und du wirst die Kraft spüren, die die Affirmation in dir auslöst und keine Zweifel mehr daran haben, dass sie wirken. Stelle dir die Affirmationen bildhaft vor, um ihre Wirkung zu verstärken. Fang am Besten direkt damit an!

Unser Unterbewusstsein liebt Bilder und je bildhafter die Affirmationen ins Unterbewusstsein fließen, desto schneller erzielst du eine Wirkung.

Positive Affirmationen für deine Kärtchen.

Liebe

- Ich liebe und akzeptiere mich voll und ganz, so wie ich bin
- Täglich gebe und empfange ich immer mehr Liebe.
- Ich liebe mich, und deshalb begegne ich allen Menschen gegenüber liebevoll.
- Das Universum sorgt liebevoll für mich.
- Die Liebe erfüllt mich und strahlt von mir aus.
- Ich bin liebenswert.
- Ich bin wertvoll.
- Ich bekomme genug zurück, um damit glücklich zu sein.
- Ich liebe mich und bin es wert geliebt zu werden.
- Die Liebe erfüllt mein Herz, meinen Körper, meinen Geist, mein Bewusstsein, mein ganzes Wesen und strahlt von mir in alle Richtungen und kehrt vielfach zu mir zurück.
- Die Welt ist sicher und freundlich.

Vergeben und Loslassen

- Ich bin bereit zu vergeben.

- Mir selbst und meinen Mitmenschen zu vergeben, befreit mich von der Last der Vergangenheit.
- Ich vergebe, und schenk mir damit die Freiheit.
- Ich vergebe und bin frei.
- Ich bin bereit, mich zu ändern.

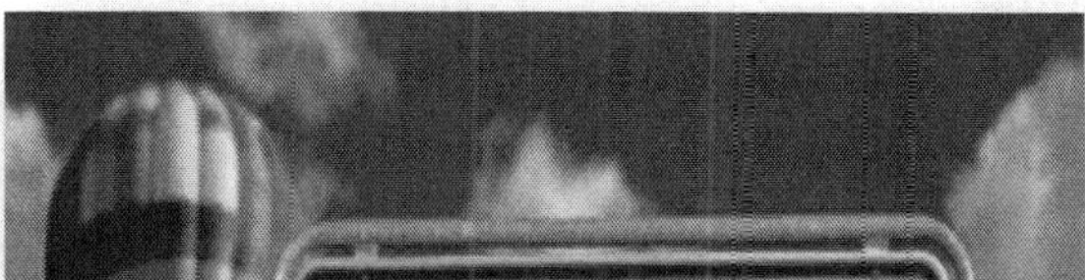

Gesundheit

- Ich bin stark und gesund.
- Ich bin dankbar für alles Gute in meinem Leben.
- Liebevoll achte ich auf die Zeichen meines Körpers.
- Ich liebe meinen Körper.
- Ich achte auf mein Denken und wähle bewusst gesunde Gedanken.
- Ich empfinde meinen Körper als harmonisches Ganzes.
- Ich fühle mich in jedem Augenblick mit meinem Körper verbunden.
- Ich achte auf die Botschaften meines Körpers.
- Grenzenlose Energie strömt durch meinen Körper.
- Ich atme tief, ruhig und entspannt.
- Jeder Atemzug gibt mir neue Energie.
- Ich bin kraftvoll und lebendig.
- Ich bin im Fluss mit dem Rhythmus meines Körpers.
- Ich spüre und genieße meine Vitalität.
- Ich bin das sprühende Leben.
- Alle Zellen meines Körpers nehmen jetzt diese heilende Energie auf.
- Alles ist gut.
- Ich liebe jede Zelle meines Körpers.
- Ich verbinde beim Atmen Geist, Seele und Körper miteinander.
- Heilende Energie strömt durch meinen Körper.

- Ich bin kraftvoll, beweglich und ausdauernd.
- Ich achte auf die Botschaften meines Körpers.
- Ich lebe im Rhythmus meines Körpers.
- Ich bin strahlende Lebenskraft.

Partnerschaft, Beziehung und Selbstwertgefühl

- Alle meine Beziehungen sind harmonisch.
- Meine Familie ist ein wundervoller Ort der Kraft. Ihre Energie und ihre Liebe stärkt mich und ich fühle mich aufgehoben in meiner Familie.
- Ich wende mich, voller Liebe meinem Partner zu.
- Meine sexuellen Energien sind ausgeglichen.
- Ich respektiere und liebe meine Familie so, wie sie ist, denn ich sehe das Wertvolle und Gute, das meine Familie mir gibt. Ich bin gut aufgehoben in meinem Familienverband.
- Ich danke, für den liebevollen PartnerIn an meiner Seite.
- Ich habe mit jedem Menschen irgendetwas gemeinsam und das finde ich gut.
- Ich weiß, dass ich die richtigen Personen auf meinem Lebensweg automatisch anziehe.
- Mir fällt es leicht, andere Menschen zu lieben und zu akzeptieren.
- Ich genieße es, anderen Menschen körperlich und seelisch nahe zu sein.
- Mir fällt es leicht, mich für die Belange anderer Menschen zu öffnen.

- Ich lebe in liebevollen und ehrlichen partner- und freundschaftlichen Beziehungen.
- Ich vertraue meinen Mitmenschen und diese vertrauen mir.
- Ich weiß, ich kann von und mit anderen Menschen viel lernen.
- Ich weiß, dass mein Traumpartner existiert und dass wir uns begegnen werden, wenn wir uns nicht schon begegnet sind!
- Ich ziehe jeden positiven Menschen mit meiner positiven Ausstrahlung an.
- Ich akzeptiere meinen Partner so, wie er ist. Und ich werde so akzeptiert, wie ich bin.
- Unsere Partnerschaft durchlebt Zyklen der Natur. Nach einem kalten Winter folgt wieder der Frühling und der Sommer.

Erfolg, Geld, Wohlstand

- Mein Leben ist erfüllt und reich.
- Alles, was ich tue, wird ein Erfolg.

- Ich verdiene nur das Beste und öffne mich jetzt dafür.
- Ich bin glücklich wohlhabend zu sein.
- Ich bin gut darin, Wohlstand zu erzeugen.
- Ich gehe sorgfältig mit Geld um.
- Ich kenne den Wert des Geldes.
- Ich bin erfolgreich.
- Geld ist mein Freund.

- Ich genieße es, Geld zu verdienen.
- Ich bin reich.
- Ich liebe die Reichen.
- Ich bewundere die Reichen.
- Wohlstand und Überfluss in allen Bereichen fließen mir jetzt zu.
- Auf der obersten Sprosse der Erfolgsleiter ist ein freier Platz für mich.
- Erfolg ist Teil meines Lebens.
- Es ist gut für mich, Erfolg zu haben.
- Mein Geschäft (meine berufliche Tätigkeit) ist angefüllt mit rechtem Handeln.
- Alles, was ich wirklich brauche, wird von mir mit unwiderstehlicher Macht angezogen.
- Ich verfüge jederzeit über passende Ideen, Methoden, Geld und Kontakte.
- Ich werde auf allen Wegen von meinem höheren Selbst geführt und inspiriert.
- Jeder Tag bringt mir wunderbare Möglichkeiten des Wachsens und Entwickelns.
- Ich bin immer zur richtigen Zeit am richtigen Ort und tue erfolgreich genau das Richtige.
-Ich erkenne in allem das Gute und mache aus allem das Beste.
- Ich trage täglich zum Glück meiner Mitmenschen bei – und es kommt vielfach zu mir zurück.
- Ich sende strahlende Kraft aus und ziehe alles Fördernde an.
- Ich gebe jederzeit mein Bestes - egal was ich tue

- Von Tag zu Tag gelingt es mir immer besser, meine Bedürfnisse wahrzunehmen und für mich zu sorgen.
- Meine innere Weisheit führt mich und verschafft mir ein wunderbares Leben.

Im Netz findest du etliche Affirmationen mehr zu allen Themen.

Oder versuche, ob du dir selbst die passenden Affirmationen gestalten kannst.

Schau dir diese Affirmationen an

- Für mich ist es eh zu spät, um etwas zu ändern.
- Bei den anderen Mitmenschen funktioniert das vielleicht, doch bei mir ...
- Hätte ich früher damit angefangen, ja, dann …
- So schlecht geht es mir gar nicht.
- Wenn das mal klappen soll.
- Andere Menschen machen das auch nicht.
- Es liegt an meiner Erziehung.
- Keiner versteht mich.
- Was sollen denn die anderen Menschen von mir denken.
- Ich mache sowieso alles falsch.
- Ich mache doch schon alles, was zum Positiven führt.
- Mir hört nie einer zu.

Ganz klar!

Das sind Affirmationen im negativem Sinne. Die oben genannten Affirmationen werden sich genau so bewahrheiten, sobald sie gedacht oder ausgesprochen sind.

Das Unterbewusstsein kann nicht zwischen Befehl und ‚einfach daher gesagt' unterscheiden!

Somit achte auf deine Sätze!

Immer und immer wieder.

Es sind Programmierungen!

Aufgabe:

Wenn du dich über etwas in deinem Leben beschwerst, suche in deinen Sätzen nach der Lösung.

Der Unterschied zwischen negativen Glaubenssätzen und Affirmationen ist: Glaubenssätze werden geglaubt. Es wird schwerer sein, diese zu ändern. Affirmationen sind meist ‚einfach daher gesagt' und können schnell ins Positive transformiert werden.

Dennoch haben beide die gleiche Wirkung aufs Unterbewusstsein.

Was bedeutet glücklich sein?

Was es nicht bedeutet: Glücklich sein wollen.

Der Satz erklärt im Grunde, wie man glücklich ist. Mehr brauche ich dazu nicht schreiben. Menschen warten laufend auf gewisse Situationen, damit sie es sich selbst erlauben, glücklich zu sein. Sie warten auf bestimmte Menschen, die sie (wie es scheint) dauerhaft glücklich machen. Es ist aber immer nur der Gedanke, der selbst dazu gedacht wird, der einen glücklich macht. Glaube ich, dass mich eine bestimmte Situation glücklich macht, ist es nicht die Situation, die mich glücklich macht. Es ist der eigene Glaube, der einen in diesem Moment glücklich macht. Es geschieht ausschließlich nach unserem Glauben. Es ist das ‚sich selbst erlauben', in jeder Situation glücklich zu sein. Kannst du das nachvollziehen und wird dir dadurch schon Einiges klarer? Somit brauchst du anfangs nur mehr Situationen in dein Leben rufen, die dich (scheinbar) glücklich machen. Bis dann irgendwann der Tag kommt, an dem du selbst klar erkennst, dass du derjenige, diejenige bist, die es sich erlaubt, glücklich zu sein. Alleine das Erkennen macht bereits glücklich und du beginnst, diesen Zustand immer mehr zu leben. Du trittst heraus, aus der Abhängigkeit vom Außen und entdeckst deine eigene Kraft wieder.

Lerne deine Gefühle wieder richtig zu deuten.

- Richte nicht über deine Gefühle.

- Deine Gefühle sind nichts anderes, als du selbst.

- Jedes Gefühl, das du nicht haben willst, ist ein Teil von dir, den du nicht in deine Liebe genommen hast.

- Es gibt keine negativen Gefühle. Ein Gefühl, das sich ungut anfühlt, will dir etwas sagen.

- Wenn die Seele dir etwas mitteilen möchte, kann sie dies erst über deine Gefühle.

- Wenn du einen Gedanken hast und dazu ein negatives Gefühl erzeugst, bedeutet dies, dass dein Gedanke unstimmig ist.

- Wenn du etwas machen willst, aber du dir selbst zum Beispiel einredest:

- Das kann nicht klappen.

- Ich bin es nicht wert.

- Dazu bin ich nicht in der Lage.

Dann wirst du als Antwort ein Gefühl spüren, das sich nicht gut anfühlt. Es ist keine Bestätigung zudem, was du denkst. Es ist ein auf sich auf-

merksam machen der Seele, die dir Folgendes sagen möchte:

- Mach es!

- Was hast du zu verlieren?

Lösung:

- Lerne aus deinen Erfahrungen.

- Werte den Ausgang nicht und lerne, aus allem eine Lehre zu ziehen.
- Erwarte nichts und du kannst nicht enttäuscht werden.
- Schau genau hin und frage dich, was dir die Situation sagen will.

Du wirst bei jedem Ausgang, ob positiver oder negativer, ein Stück mehr wachsen. Du wirst Selbstbewusster werden.
Geht die Situation nicht so aus, wie du sie gerne gesehen hättest, bist du wenigstens um eine Erfahrung reicher und bleibst nicht ewig vor der Situation stehen.
Wenn du enttäuscht bist, hast du erwartet, was nicht schlimm ist.
Dann mache dir bewusst: Ich habe etwas getan, wovor ich Angst hatte und das macht mich stärker. Ich durfte erfahren, was hinter der Angst steckte und das macht mich sicherer.

Die Seele will sich entwickeln, und wenn du dich dem nicht hingeben willst, wirst du Leid erfahren.
Du bist die Seele.

Du entwickelst dich.

Ob dein Ego das will oder nicht. Daran führt kein Weg vorbei.
Gib dich dem Willen deiner Seele hin und dein Ego wird sich von ganz alleine transformieren.

Wie ist das mit dem freien Willen?

Warum wurde uns der freie Wille gegeben, wenn viele Menschen durch diesen freien Willen so viel Leid erfahren? Der freie Wille ist das Spielfeld der Dualität. Dies bedeutet:

Wie sollten wir unser Selbst erfahren, wenn wir nie Leid erfahren hätten?

Wie sollten wir die Freude wertschätzen, wenn wir das Leid nicht erlebt hätten?

Der freie Wille ist der Weg des Ego, in dem der Mensch sich erfahren kann. Somit ist das Ego auch nichts Schlechtes oder Negatives, wie viele behaupten.

Das Ego lässt uns die Dinge lernen, erkennen und erfahren.

Durch das Ego finden wir wieder zu uns ins Sein, mit all dem, was wir auf unserem Weg erkannt, gefühlt und erlebt haben. Wir erkennen, dass wir das Sein hinter den Gedanken sind. Ego ist auf dem Weg ein Teil von uns. Der Teil, der wohl als Letztes ins Sein übergeht, wenn alle Erfahrungen gemacht sind.
Der Teil in uns, der erst zum Schluss selbst er-

kennt, was er nicht ist. Er erkennt sich als Illusion und gibt sich dem Sein vollkommen hin und löst sich dadurch auf.

Dies ist der Beginn des bewussten Schöpfers. Eins Sein mit der Quelle.

Sich dem hingeben, was ist.
Und dadurch ein Leben in Fülle zu erfahren.

Der Schritt dorthin ist oftmals mit Angst gepflastert. Angst, loszulassen. Angst, sich selbst zu erlauben, ein Nichts zu sein. Nur ein Ego möchte jemand sein. Unsere wahre Natur ist viel mehr und wird sich erst offenbaren, wenn wir uns vollkommen erlauben, ins Nichts zu gehen. Uns der Führung unseres höheren Selbst opfern.
Das Einzige, was wir opfern, ist unser Ego. Ein Ego, das uns in unserem Tun einschränkt. Unser Handeln wird aus dem Sein zur Freiheit. Auf dem Weg ins Sein werden wir zum Beobachter des eigenen Egos und werten die Gedanken nicht mehr, die unser Ego denkt. Wir sind in der Lage, unseren Gedanken keinen Wert mehr zu geben. Wir erkennen, dass wir dadurch selbst bestimmen, wann wir uns gut fühlen. Wir erlauben uns, auch bei vom Ego negativ gewerteten Gedanken, ein neutrales Gefühl zu leben oder sogar ein gutes Gefühl zu leben. Weil wir nun erkannt haben, wie wir uns vorher immer von unseren Gedanken ha-

ben lenken lassen.
Nun macht der Satz im Gebet einen Sinn: ‚Dein Wille geschehe.'
Wir werden geführt von dem, was unser Verstand nicht erfassen kann und nur durch Vertrauen und späterem Wissen, gelebt wird.

Erst wenn du dir selbst erlaubst ‚einfach' zu sein, wird sich deine wahre Größe entfalten.

Erst wenn du keine Angst mehr hast, dass andere dich für ein ‚Nichts' halten.

Erst dann werden Menschen dich für deine Stärke bewundern, die du ausstrahlst.

Worte zur Liebe

Das größte Leid in der Liebe entsteht wohl dadurch, dass es gar keine Liebe ist. Liebe ist immer bedingungslos. Liebe ist nicht das, was unter Freude verstanden wird. Mutter der Liebe. Wenn du frisch verliebt bist, dann kommt die Freude automatisch dazu. Freude wird nach einer Zeit abschwächen. Nur weil Menschen dann denken, dass die Liebe versiegt ist, werden sie unglücklich, weil sie die Liebe suchen, die vorher da war. Freude und Liebe schließen sich nicht aus, aber sie bedingen sich auch nicht.

Wenn du erkennst, dass der Freude Schwankungen unterlegen sind, wirst du die Liebe dahinter erkennen können. Nach der Freude wirst du die Liebe nicht sehen, weil du an der Liebe zweifelst. Du wirst dann die Zweifel sehen und enttäuscht sein, dass die Liebe nicht mehr vorhanden ist. Die Liebe ist immer da und nur du verschleierst die Liebe selbst mit deinem Zweifel. Du wirst fortwährend das sehen, was du glaubst. Zweifelst du an der Liebe, wirst du Zweifel sehen.
Wenn du weiterhin offen für die Liebe bleibst, ist ein wichtiger Schritt getan. Du erlaubst es der Liebe, weiter vorhanden zu sein und wirst Wunder in dein Leben lassen.

Merke dir:

- Liebe erwartet nie.
Denn nur der, der nicht erwartet, kann auch nicht enttäuscht werden.

- Liebe wertet nicht.
Denn nur der, der wertet, wird die Dinge mit den Augen des Egos sehen.

Kannst du aus tiefstem Herzen sagen: ‚Ich liebe mich, so wie ich bin?'

Erfährst du viel Leid in der Liebe?
Ist dir bewusst, dass wenn du dich selbst nicht

liebst, du nicht offen bist für die Liebe?
Ist dir bewusst, dass du im Außen einen Spiegel siehst?
Ist dir bewusst, dass jedes Mal, wenn du sagst ‚aber die anderen' du nur von dir ablenkst, um dir selbst nicht ins Gesicht sehen zu müssen?
Du wirst keine Liebe im Außen sehen können, wenn du die Liebe in deinem Inneren nicht lebst.

Liebe fängt bei einem selbst an.
Du wirst Suchende sehen, die sich gegenseitig ausnutzen.
Du wirst Menschen sehen, die ihren Vorteil suchen. Unbewusst wirst du das Gleiche tun, weil du gar keinen Vergleich für die Liebe hast.
Wie willst du etwas vergleichen, dass du selbst nicht in dir gefunden hast?
Es gibt Gesetze, die nicht umgangen werden können.
Eines davon ist das Gesetz der Resonanz. Du wirst in dein Leben ziehen, was du selber lebst.
Deshalb gebe keinem anderen Menschen die Schuld dafür, wenn er dich nicht liebt.
Wie sollte ein anderer es schaffen dich zu lieben, wenn du es selbst noch nicht mal schaffst, dich zu lieben?
Fange bei dir mit der Liebe an und fühle, wie Liebe sich anfühlt.
Fang an zu lieben und entfalte die Liebe aus deinem Innersten.

Die Seele und ihre Rollen

Wir kommen auf diese Erde als reines Bewusstsein (Seele). Im Lebensverlauf spielen wir dann verschiedene Rollen, mit allem, was dazugehört. Aktion, Reaktion, Ursache, Wirkung, Gefühle usw.

Rollen wie Teenager, Vater, Mutter, Kind, LehrerIn, PolizistIn usw.

Wir haben beigebracht bekommen, wie sich ein Vater, eine Mutter, ein Kind zu verhalten hat, und sind dem Blindlinks gefolgt.

Dadurch haben wir viel Leid, Freude, Trauer usw. erfahren. Die Rollen beinhalten Verbote und genau dadurch verleugnen wir unser wahres Sein.

Dennoch waren wir immer abhängig von den Situationen. Unklar darüber, dass die Gefühle zu den Situationen selbst bestimmt werden können oder das die Situation neutral gesehen werden kann. Das nicht zu bestimmten Situationen so oder so reagiert werden muss. Dass die Gedanken zu den Situationen unser Gefühl hervorrufen.

Natürlich ist dies eine Übungssache:

- Lernen, nicht mehr zu werten.

- Lernen, nicht mehr zu reagieren.

Die Art und Weise, die du dein Leben gelebt und was du dir angewöhnt hast, ist zur Gewohnheit geworden. Eine Abgewöhnung ist möglich!

Das Schöne an dem Ganzen ist, du fängst an, die Wahrheit zu sehen.

Du siehst nicht mehr das, was du die ganze Zeit aus der Brille des Verstandes gesehen hast, der unaufhörlich gewertet und verurteilt hat.

Du wirst Freiheit und Liebe fühlen.

Du bist nicht mehr vom Verhalten anderer Menschen abhängig.

Du fängst an, dein eigener Beobachter zu werden. Aus dir, der Marionette, wird der Puppenspieler.

Du bist nicht mehr die Rolle, du spielst sie nun!

Andere Menschen können keine Knöpfe mehr bei dir drücken. Du reagierst, wie es für dich gut ist.

Du erkennst, dass alle Rollen spielen und das einige Mitmenschen in ihren Rollen gefangen sind und dadurch ihrer Rolle selbst unterlegen.

Aus der Sicht der Marionette klingt das gefühlskalt. Die Marionette ist noch dem unterlegen, was das Wort Spiel in ihr auslöst. Sie muss auf dieses Wort reagieren, weil ihr beigebracht wurde, dass das Leben kein Spiel ist. Aus der Sicht des Puppenspielers ist das eine große Freiheit mit einem wunderbaren Gefühl von Liebe. Der Puppenspieler erkennt den Sinn hinter dem Ganzen und tritt aus diesem Spiel heraus. Er wird zum Beobachter und freut sich über jeden, der auch irgendwann zu der Erkenntnis gelangt und aussteigt.

Dazu kommt, dass tatsächlich jeder Mensch geliebt werden kann, weil die Seele dahinter gewesen wird, die sich auf ihrem Weg befindet. Erkennbar wird, dass die Seele sich erfahren möchte und dies sollte respektiert werden.

Wenn du ein Problem damit hast, wenn eine Person ‚Spiel' dazu sagt, dann nenne du es Erfahrungen sammeln. Ein Leben in Liebe leben und auf dem Weg Erfahrungen sammeln.

Die Seele kennt keinen Schmerz, Leid und Freude. Die Seele ist reine Liebe und kann sich nur so erfahren. Sie erkennt, was Freude ist, wenn sie Leid durchlebt hat.

Die Seele muss Angst erfahren, damit sie die Geborgenheit zu schätzen weiß.

Ich hoffe, meine Worte sind nachvollziehbar und mehr Seelen machen nun die Augen auf.

Im Moment geschieht das bei vielen Seelen. Es ist die Zeitqualität, die das begünstigt. Die Mayas wussten das bereits vor 5000 Jahren. Ein neues Bewusstsein ist erwacht und jeder Einzelne ist ein Teil davon.

Zufälle gibt es nicht!

Es fällt einem immer das zu, was gebraucht wird, wenn sich dafür geöffnet wird.
Somit ist es jetzt kein Zufall, dass gerade du dieses Buch liest.

Die Selbstermächtigung

Die Selbstermächtigung ist ein großer Schritt in eine neue Freiheit. Der Schritt führt durch viel Übung und Leid.
Solange du andere für dein Leben verantwortlich machst, nimmst du dir selbst jegliche Macht, ein glückliches Leben zu führen.
Du wirst nie ein glückliches Leben leben können, wenn du dein Verhalten oder die Taten anderer für dein Leben als Grund nimmst für dein unglückliches Leben. Wie willst du es schaffen, wenn du selbst zugibst, wie sehr andere Menschen dich beeinflussen können? Wenn du sagst, dass andere Menschen dich verletzen können, gibst du diesen Menschen die Macht dazu. Wenn du erkennst, dass dich keiner verletzen kann, wenn du

es nicht erlaubst, macht es dich stark. Du wirst sehen, es war immer nur dein eigener Gedanke, der dich verletzt hat. Denkst du, das kann mich gar nicht verletzen, was der andere gemacht hat, wirst du auch kein Leid erfahren. Denkst du, das hat mich jetzt verletzt, wirst du Leid erfahren.

Lösung:

Ändere deine Gedanken zu den Situationen und du lenkst bewusst deine Gefühle zu den Situationen. Es geht nicht darum, die Dinge schön zu reden, die andere Menschen gemacht haben. Sondern zu erkennen, was du dir selbst antust, wenn du unaufhörlich im Leid verharrst und meinst, es müsste so sein. Eine neutrale Denkweise zu den Situationen reicht vollkommen aus.

Fange sofort damit an!

Eine unumgängliche Regel (Gesetz)

Du musst für dein Leben die Verantwortung übernehmen. Verantwortung übernehmen bedeutet nicht, die Schuld auf sich nehmen, wie viele dann denken. Vergangenes ist Vergangenes und Zukunft ist Zukunft und wird es immer bleiben. Wenn du versuchst, diese Regel zu umgehen, wirst du sie nicht umgehen, sondern du wirst in einem Fort

deine Runden drehen. Wenn du nicht verzeihen kannst, wirst du dir Leid antun, sonst keinem. Erkenne hier, dass du nur durch Loslassen, Neues in dein Leben einlässt. So hart es klingen mag. Dies ist unumgänglich, und wenn du hier sagst: ‚Das kann ich nicht!', solltest du aufhören, nach dem Glück zu suchen. Du wirst das Glück nicht sehen können, weil der Schleier des nicht Verzeihens vor dem Glück schwebt.
Ab hier kann dir nur das Vertrauen und das Wissen deines höheren Selbst helfen.
Das Wissen, dass die Blockaden, negativer Glaubenssätze, negativer Affirmationen durch Vertrauen ins höhere Selbst auflösen wird.

Alles, was im Buch geschrieben steht, ist Wissen aus dem Sein. Wissen, dass du eigentlich nicht brauchst, wenn du dir bewusst wirst, dass dieses Wissen aus dem Sein, für dich wirken kann.

Wenn wir dem Wissen vertrauen, sind wir im Sein und werden intuitiv das machen, was gut für uns ist.

Auch wenn der Verstand auf dem Weg zum Glück ständig urteilen, werten und abtrennen will.

Das Wissen vom Sein wird dir den Weg weisen.

Texte zum Verinnerlichen:

*- **Sei dir bewusst**, dass wenn du viel Leid ertragen musstest, du auch ein großer Lehrmeister werden kannst für andere Menschen.*

- Verharre nicht in deinem Leid, denn es bringt dich nicht weiter.

- Nimm dein Leid an und lass dich überraschen, was es dich lehren will.

- Nimm es an und wachse im Leid.

- Schau dich um und beobachte die Wege anderer Menschen. Du wirst erkennen, wo sie stehen und wirst ihnen die Tür zeigen können.

- Gemeinsam werdet ihr eine neue Realität erschaffen können.

- Eine Realität, die euch gut tut.

- Eine Realität, in der GEMEINSAM wieder etwas Wunderschönes sein wird.

- Eine Realität, in der HARMONIE euer Leben ist.

- Eine Realität, in der Hingabe gegenüber allem, was ist, eine Wohltat sein wird.

Plötzlich wirst du erkennen, dass du selbst die Liebe bist, die du lange gesucht hast.

Den folgenden Text wirst du nicht mit dem Verstand einfangen, sondern nur mit deinem Herzen fühlen können.

Drum rate ich dir, am Ende des Textes tief durchzuatmen und in dir nachzuforschen, ob er sich für dich nach Wahrheit anfühlt.

Wer bin ich und warum lebe ich nicht im Frieden und der Glückseligkeit?

Suchst du nach innerem Frieden und Glückseligkeit?

Wer sucht nach Frieden und Glückseligkeit?

Suchst du dich selbst und suchst du dich in deinen Gedanken?
Kann es sein, dass deine Gedanken dich täuschen wollen, um sich nicht aufzulösen?

Mache dir bewusst, dass du die Ruhe bist.

Dass du der Frieden bist.

Dass du Liebe und Freude bist.
Alles, was du denkst, wie du die Ruhe finden kannst, ist dein Ego, das von dir ablenken will. Du bist nicht deine Gedanken und wirst die Ruhe nicht in den Gedanken finden. Du bist die Ruhe hinter den Gedanken, und erst wenn du dir erlaubst, nichts dafür zu tun, um deine Mitte zu finden, bist du das, was du bist.

Du bist die Ruhe.

Die Gedanken haben Angst loszulassen.

Die Gedanken haben Angst, dass du deine wahre Kraft erkennst. Erst wenn du nicht mehr nach einer Lösung suchst, hast du die Lösung gefunden. Erst wenn du dir selbst erlaubst, nichts mehr zu tun, um zu dir zu finden, bist du bei dir angekommen.

Lass die Gedanken kommen und gehen und beobachte sie. Du bist nicht deine Gedanken. Du bist der Beobachter hinter den Gedanken. Nur wenn die Gedanken dich emotional binden können, wirst du wieder ins Unbewusste fallen und wirst denken, du bist die Gedanken.

Fühle, was sich gut anfühlt.

Gedanken zu sein oder die Gedanken zu beobachten.

Fühle, wer du wirklich bist!

Atme nun tief ein und aus und fühle in deinem Inneren.

Du bist, was du die ganze Zeit suchst.

Es ist ein Gedanke, der dein Leben verändert. Ein Gedanke, der Freiraum für Neues schafft. Ein Gedanke, der dein Herz öffnet und Liebe entfalten lässt. Hör auf nach den Lösungen zu suchen.

Hör auf, das Außen ändern zu wollen. Hör auf, dich zu verstellen, um anderen zu gefallen. Spreche dich selbst von Altem frei und mache Platz für Neues. Suchen kannst du lange. Finden kannst du auch, aber zum in dich herein lassen musst du Altes hinauslassen. Schließe mit deiner Vergangenheit ab.

Mache dir keine Gedanken über deine Zukunft. Wenn du anfängst, im Sein zu leben, wird sich dein Leben vollkommen verändern. Was DU gesucht hast, wird SEIN. Du glaubst immer noch nicht, dass es so einfach ist? Dann mache es dir irgendwie schwerer und du siehst, auch so wirst du finden. Du glaubst überhaupt nicht, dass das möglich ist? Dann wird dir nach deinem Glauben geschehen.

Lebe im Jetzt!

Sei einfach DU!

Liebe alles an dir, so wie es ist!

Ändere, was DU ändern kannst!

Akzeptiere, was du nicht ändern kannst.

Liebe und du wirst wieder Liebe erfahren.

Mache nun wieder die Atemübung.

Wo liegt die Lösung denn nun wirklich?

Eine Frau sagt: ‚Hätte ich nicht solch ein Übergewicht, wäre ich glücklicher.'

Eine andere Frau sagt: ‚Wenn ich nicht ganz so dünn wäre, ginge es mir besser.'

Die eine Frau sagt: ‚Eine Frau mit keinem Kind kann gar nicht verstehen, was für einen Stress ich habe. Ein Kind will immer beschäftigt werden.'

Die andere Frau meint: ‚Eine Frau mit nur einem Kind, weiß gar nicht, wie stressig zwei Kinder sind. Die streiten sich immerzu.'

Ein Mann erzählt: ‚Er habe zu wenig Geld, um richtig glücklich zu sein.'

Der andere Mann erzählt: ‚Er habe zu wenig Zeit, um glücklich zu sein.'

Menschen werden immer einen Grund im Außen finden, warum sie grade nicht glücklich sein können.
Wenn du erkennst, dass zum Glücklichsein nur die Liebe zu sich selbst nötig ist, erkennst du, wie schön das Leben ist, mit all seiner Vielfalt.

Glück ist nicht vom Außen abhängig. Nur der Gedanke, dass dies so sei, macht dich abhängig.

Glück entsteht im Inneren und kann sich nur entwickeln, wenn du es dir selbst erlaubst und keine Ausreden findest, warum du selbst kein Glück erfahren darfst.

Gedanken kontrollieren

Da ich häufig darauf angesprochen werde, wie Gedanken kontrolliert werden können, gebe ich hier Tipps dazu: .Gedanken zu kontrollieren ist wohl eher genau das, was nicht versucht werden sollte.

Mache dir bewusst, dass Gedanken nicht kontrolliert werden können, dann wirst du merken, dass du selbst der Beobachter hinter den Gedanken bist.
Solange du das nicht erkennst, wirst du versu-

chen, mit den Gedanken, die Gedanken zu lenken.
Das Einzige, was du damit erreichst, du nährst deine Gedanken.

Du gibst den Gedanken nur noch mehr Energie und sie werden mehr und mehr. Diese Energie wird dir dann im alltäglichen Leben fehlen und du wirst dich ausgelaugt und ausgebrannt fühlen. Wenn du die Gedanken mit den Gedanken lösen möchtest, bedeutet das, deine Gedanken müssten sich selber fressen. Das werden sie natürlich niemals tun. Es ist alleine das Bewusstwerden, dass du, der Beobachter der Gedanken bist, der die Gedanken stiller werden lässt. Das nicht mehr werten deiner Gedanken. Den Gedanken keine Emotionen mehr geben.
Willst du, dass der Gedankenkrieg in deinem Kopf aufhört?

Dann höre sofort auf nach Lösungen zu suchen, von denen du denkst, du könntest so deine Gedanken loswerden. Die Gedanken schrumpfen, umso weniger Energie du den Gedanken gibst. Alleine die Frage: ‚Wie kann ich das denn tun?', gibt dem Ganzen schon zu viel Energie. Werde dir darüber bewusst.

Werde dir bewusst und lasse die Gedanken fließen.
Nun kommt die Geduld.

Du versuchst etwas Neues und zwar: ‚Das NICHTS gegen die Gedanken tun.

Wenn du jetzt noch ein wenig Geduld aufbringen könntest, wird das Ergebnis nicht lange auf sich warten lassen. Die Gedanken werden immer weniger. Der Kopf wird immer ruhiger. Irgendwann wirst du dich selbst fragen: ‚Wieso war es denn so einfach? Wieso habe ich mich zuvor so aufgeregt? Wieso habe ich mich überhaupt so angestrengt, damit es in meinem Kopf stiller wird? Im Grunde ist es ganz einfach gewesen.'

Die Natur des Menschen ist die Ruhe. Du hast gelernt, dass du etwas tun musst, damit es dir besser geht. Doch hier verhält es sich anders: Du musst nichts tun und einfach geschehen lassen.

Übung:

Versuche, nach all den Jahren einen anderen Weg einzuschlagen, denn bisher hat dich jede Anstrengung immer wieder in die Irre geführt und vom eigentlichen Weg abgebracht.

Beobachte deine Gedanken und bedanke dich bei ihnen, dass sie da waren, und sage ihnen, dass du erkannt hast, worum es geht.

Lass die Gedanken fließen und habe Geduld.

Dies ist kein Versuch! Das ist funktionierendes Wissen!

Der Fluss des SEINS

Der letzte Schritt in der Illusion zum Fluss des Seins.

Auf dem Weg zu sich selbst erkennen die Menschen, dass es ein ständiges Loslassen ist, dass sie weiter zu sich selbst bringt.

Irgendwann haben sie dann alles losgelassen und sind unglücklicher denn je zuvor.

Sie finden nichts mehr, was sie noch loslassen können und sind dennoch nicht glücklich.

Vor lauter Suchen erkennen sie nicht, dass es das Loslassen vom Suchen ist, dass sie daran hindert, glücklich zu sein.

Irgendwann wirst du nichts mehr finden und das ist dann der letzte Schritt auf dem Weg.

Lasse los von dem Gedanken, dass ständig etwas da sein muss, das losgelassen werden muss und du bist frei und wirst das Sein im Fluss erleben.

Lasse los vom ewigen loslassen wollen, wenn du nichts mehr findest, und fühle, wie es sich anfühlt.

Wenn du keinen Weg mehr hast, dann bist du am Ziel.

Wege entspringen der Dualität. Das Leben im Sein ist ein Fluss und das Ego ist der Beifahrer. Das Ego verliert sich irgendwann im Sein und erkennt, dass es Liebe ist.

Sein wird der vollkommene Zustand und Begriffe wie Weg und Ziel haben keine Wertigkeit mehr.

Schattenanteile einzeln und kollektiv

Jeder von uns weiß wohl mittlerweile, dass er seine Schattenanteile nicht verdrängen sollte. Verdrängen bedeutet: Die Schattenanteile mit Schattenanteile verdrängen wollen. Somit würden wir unsere Schattenanteile nicht verdrängen sondern stärken. Wir nähren unsere Schattenanteile mit einem Schattenanteil und verschlimmern damit.

Anders beschrieben: Wir sind EINS. Somit gibt es weder Gut noch Böse in uns. Nur unser Verstand macht ZWEI aus uns selbst. Wenn wir einen Teil in uns als schlecht bezeichnen, bezeichnen wir uns selbst als etwas Schlechtes. Somit wird es schwer, diesen Teil wieder anzunehmen, der wir ja eigentlich sowieso sind. Erst das Vereinen beider Anteile lässt uns die Vollkommenheit erfahren, die wir eigentlich immer sind. Nur der Verstand hat die Illusion aufgebaut, wir wären ein duales Wesen. Im Verstand werden wir ein duales Wesen bleiben. Im Herzen waren wir nie getrennt von uns selbst.

Die Liebe, die wir sind, würde nicht trennen wollen.
Schattenanteile sind Teile von uns, die wieder angenommen werden wollen. In dem Moment, wo ein Schattenanteil in einem hochkommt und dieser

wieder angenommen wird, ist es kein Schattenanteil mehr. Schattenanteile bestehen meist verdrängten Gefühlen, die zuvor durch Leid verdrängt wurden. Diese Schattenteile werden immer und immer wieder auf sich aufmerksam machen. Schattenanteile machen durch Angst, Unsicherheit oder sonstige negative Gefühle auf sich aufmerksam. Jedoch sind es nur für den Verstand negative Gefühle. Es gibt keine negativen Gefühle. Gefühlt wird immer sich selbst. Wenn dir das bewusst wird, wirst du es nicht mehr als negativ ansehen. Diese Gefühle können wieder transformieren oder integrieren. Je nachdem, was sich für dich stimmiger anfühlt.

Kollektive Schattenanteile

Was die meisten Menschen dabei übersehen ist, dass wir auch ein kollektives Bewusstsein bilden.

Schattenanteile gibt es auch kollektiv und auch diese werden von Schattenanteilen in uns genährt.

Wenn wir über das Weltgeschehen: Politiker, Religionen, Manipulation usw. schimpfen, geben wir unbewusst genau diesen Dingen Energie. Wir unterstützen die negativen Energien, mit den Energien, die wir ins morphogenetische Feld geben.
Negativ über etwas urteilen kann nur ein Schat-

tenanteil in dir. Das Herz erkennt den Sinn hinter all dem. Gib deine Energien den Dingen, die du gerne auf dieser Welt sehen willst, und sei bewusster Schöpfer einer neuen Realität. Einzel, sowie kollektiv.

Das morphogenetische Feld ist ein Bewusstseinsfeld. Alles ist Energie. Auch Gedanken sind Energie. Denkst du viel Negatives, gibst du die Energie in dieses Feld. Dadurch hat es nicht nur Auswirkungen auf dich selbst. Du hast sicherlich schon mal die Erfahrung gemacht, dass eine schlechte Stimmung in einem Raum auf dich übergeschlagen ist. Dabei brauchtest du nur den Raum betreten und nicht mal ein Wort ausgetauscht zu haben. Gleiches gilt für einen Raum, in dem eine gute Stimmung herrscht. Die gute Laune springt einem Funken gleich über. Allein in dem Moment, wenn du den Raum betrittst. Du brauchst nicht einmal die Gesichter der Personen zu sehen. Sehr sensible Menschen können sogar die Stimmungen einzelner Menschen fühlen. Mache dir Folgendes bewusst: - Schaue nicht negativ auf die Dinge, die du nicht willst. Durch dieses negative Denken gibst du einen Teil selbst dazu. Schaue auf die Dinge im Leben, die dir gefallen, und gebe diesen Dingen Energie. Wenn du an den negativen Dingen etwas ändern willst, dann handele! Setze die Energie in Handeln um und du kannst im Negativen, Gutes bewirken.

Auf dem Weg zur Erkenntnis

- Auf deinem Weg werden dir viele Menschen begegnen, die dir Ratschläge geben.

- Die einen Ratschläge sind gut für dich und andere waren scheinbar überflüssig.

- Dennoch wirst du aus diesen Ratschlägen und deinen eigenen Erfahrungen, deinen Weg erkennen.

- Es gibt keine guten oder schlechten Ratschläge. Aus allem kannst du lernen, wenn du dich dem öffnest.

- Du wirst immer mehr ins Vertrauen gehen und dir Teile von anderen Menschen nehmen, die in dein Puzzle passen.

- Irgendwann erkennst du die Weisheit in dir und die Macht deiner Intuition.

- Irgendwann wirst du den Meister in dir finden und wirst anderen Menschen ein Puzzle-Teil zum Glück werden.

- Alles gehört zu deinem eigenen Weg dazu und du solltest nichts von dem Erlebten verurteilen, weil du dich somit selbst verurteilst und dich selbst suggerierst, dass dein Weg falsch war.

Es gibt keinen falschen Weg.

Jeder Mensch, der dir auf deinem eigenen Weg begegnet, ist Teil deines eigenen Wachstums. Ein Teil dessen, indem du dich selbst erkennen durftest.

Auf deinem Weg solltest du dir Krücken erlauben und dich selbst nicht einschränken, indem du dir sagst: ‚Das darf ich oder das darf ich nicht.'

Alles ist erlaubt und alles ist richtig!

Wenn du dich dann erkennst, wirst du nur noch einen Wegweiser brauchen.

Dein wahres Sein wird dich von da ab führen und du wirst im Einklang mit dem Menschen und der Natur leben.

Was bedeutet es, etwas in seine Liebe zu nehmen?

Du hast dich auf den Weg gemacht, dich selbst zu finden.

Da das Spiegelgesetz ein wunderbarer Wegweiser ist, nutzt du dieses Gesetz für dich.

Folgende Situation:

Ein Mensch steht dir gegenüber und löst Wut oder Zweifel in dir aus.

Laut Spiegelgesetz kann ein Mensch dich nur wütend machen, wenn ein Teil in dir dadurch getriggert. Mit anderen Worten: wenn etwas in dir ausgelöst wird.

Das bedeutet, dass für dich die Gelegenheit gekommen ist, diesen Teil in dir, in deine Liebe zu nehmen. Immer wenn dies geschieht, wird ein abgestoßener Teil von dir wieder angenommen.

Du wirst mit jedem Annehmen vollkommener und zufriedener. Du wirst dich weniger vom Außen beeinflussen lassen und deine Mitte länger wahren.

Du wirst erkennen, dass es tatsächlich in deiner Macht liegt, wie du auf Situationen im Außen reagierst.

Du kannst ganz bewusst vorher entscheiden, ob du auf etwas reagierst oder nicht.

Reagieren kannst du eigentlich immer. Sind jedoch negative Gefühle im Spiel, ist es ein Leichtes, dich mit gewissen Handlungen zu manipulieren.

Was bedeutet es, meine negativen Gefühle in die Liebe zu nehmen*?*

Wenn eine Situation aufkommt, bei der dein Gegenüber etwas Negatives in dir auslöst, kannst du deine Gefühle als ein geliebtes Familienmitglied sehen.

Du fühlst, wie deine Gefühle in dir aufsteigen und erlaubst es ihnen zu sein und nimmst sie dabei geistig in deine Arme.

Wenn z. B. dein Sohn (Tochter oder sonst ein Mensch, den du lieb hast) Blödsinn macht, wirst du es sagen und die Person dennoch lieb haben wie vorher. Du kannst sagen: ‚Es ist nicht in Ordnung, wie es ist, dennoch habe ich dich ganz lieb.'

Bedenke, dass deine Gefühle ein Teil von dir sind. Egal ob du sie als negativ oder positiv wertest, was dein ist, solltest du nicht aufhören lieb zu haben.

Jedes negative Gefühl, das du nicht willst, ist ein Teil von dir, den du immerfort abstößt. Dieser Teil wird von Mal zu Mal an Stärke hinzugewinnen.

Du wirst nicht drum herum kommen, diesen Teil in deine Liebe zu nehmen, wenn du endlich ein Leben in Frieden und Harmonie mit dir selbst leben möchtest.

Ist es dir zu schwer, etwas in die Liebe zu nehmen, fange an mit einer neutralen Denkweise und die Liebe wird folgen. Denn auch die Liebe wertet nicht.

Liebe oder die „Sucht" nach Sicherheit?

Wenn du in deiner Partnerschaft etwas von deinem Partner erwartest, wird es keine Liebe sein. Du kannst nicht erwarten, dass dein Partner dir gegenüber ein bestimmtes Verhalten an den Tag legt und dann sagen: ‚Wenn du das nicht tust, dann liebst du mich nicht.'

Liebe bedeutet Freiheit.

Auch eine Ehe bedeutet nicht, dass dir der Partner gehört. Dass er dein Eigentum ist.

Wenn dein Partner auf die Forderungen eingeht, die du machst, weil es scheinbar Liebe ist, ist das Chaos vorausprogrammiert.

In der Partnerschaft werden Dinge nicht aus dem Herzen gemacht und beide verlaufen sich in einer Scheinwelt, von der sie glauben, dass so Liebe aussehen muss.

Liebe bedingt nie und ist ein Gefühl. In der Liebe geschehen die Dinge aus dem Herzen.

Ein Gefühl von Geborgenheit und Freiheit sollte möglichst bei dir selbst anfangen, damit du Liebe nicht mit dem Brauchen verwechselst.

Versuchst du eine innere Unzufriedenheit mit deinem Partner auszugleichen, kann dies wunderbar funktionieren. Dennoch steckt die Angst im Nacken, den Partner zu verlieren. Diese Angst schwingt zwischen einer Partnerschaft und wird vom Gegenüber als Einengen wahrgenommen. Auch wenn es nicht sichtbar ist, wird auf unbewusster Ebene Disharmonie hervorgerufen.

Du wirst dem Partner weitere Bedingungen stellen, weil du immer noch nicht das Gefühl von Liebe hast. Es wird wie eine Sucht, ständig eine Bestätigung, für die scheinbare Liebe bekommen zu wollen.

Du suchst nach Zeichen der Liebe und siehst dich selber nicht mehr. Du erkennst nicht, dass du selbst gar nicht mehr in der Lage bist zu lieben. Im Suchen wirst du die Liebe nicht finden. Liebe lebst du aus dem Inneren. Liebe stellt keine Bedingung.

Wenn nun wieder der Satz aufkommt: ‚Aber mein Partner muss doch …' Dann lese dir bitte den Text nochmals durch, weil du ihn mit dem Ego gelesen hast. Lese in mit dem Herzen und du wirst die Wahrheit in ihm fühlen können.

Willst du Liebe leben oder suchst du nur eine Sicherheit für dich?

Eines kann ich dir sagen: Sicherheit zu haben oder Liebe zu leben ist ein HIMMELweiter Unterschied.

Wir sind nicht Körper und haben eine Seele.

Wir sind Seele und haben einen Körper.

Wenn wir das fühlen können, werden wir nicht mehr versuchen, dass zu lieben, was wir bis dahin glaubten zu sein.

Wir werden dann das lieben, was wir sind. Wir erkennen die Reinheit, die wir sind. Die Liebe hinter dem Kostüm.

Die Menschen versuchen immer das Kostüm zu lieben das sie tragen und wundern sich, warum es nicht geht.

Lege du das Kostüm ab und lebe deinen wahren Glanz und du wirst dich wundern, weil es gar nicht mehr möglich ist, dich nicht zu lieben.

Verschmelze wieder mit deinem Sein.

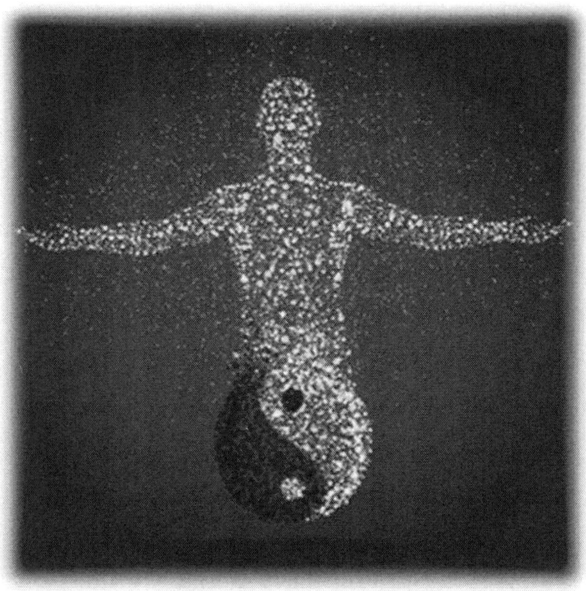

Lerne wieder mit den Augen der Seele zu sehen.

Dein Verstand wird die Dinge oftmals mit Zweifel betrachten.
Die Seele mit Neugierde und Entdeckergeist.

Der Verstand wird die Dinge oft mit Zweifel betrachten und genau das in dein Leben ziehen, was du bezweifelt hast. Die Seele wird das in dein Leben ziehen, was du für deinen Weg brauchst.

Der Verstand wird dir sagen, was richtig oder falsch ist. Die Seele wird die Lehre dahinter sehen und neue Wege erschaffen.

Der Verstand grenzt den Weg ein und konzentriert sich auf einen kleinen Bereich. Die Seele öffnet sich für alle Wege und geht intuitiv den Weg, der gut für dich ist.

Deine Gefühle werden dich führen, wenn du lernst, dir zu vertrauen.

Wenn du lernst, deinen Gefühlen zu vertrauen.

Wenn du lernst, dass der Verstand nur ein kleiner Teil von dem ist, was du bist. Wenn du lernst, dass die Seele (DU) weiß, wann der Verstand zu benutzen ist.

Nur du kannst bestimmen, wer die Führung übernehmen soll. Nur du kannst bestimmen, wann das sein soll.

Versuche weiterhin, ein glückliches Leben mit dem Verstand zu finden. Versuche es so lange, bis du dich traust, loszulassen.

Bis du erkennst, wer deinen wahren Weg kennt.

Du wirst schon auf dich warten ;-)

Die wichtigsten Menschen nach uns selbst in unserem Leben.

Dazu zählen nicht die Menschen, die wir mögen.

Die wichtigsten Menschen in unserem Leben sind die Menschen, die etwas in uns auslösen.

Menschen die wir mögen spiegeln angenommene Anteile in uns und deshalb gehen wir in Resonanz mit ihnen und das fühlt sich gut an.

Menschen die Wut, Angst, Ärger oder sonst ein unangenehmes Gefühl in uns auslösen sind der Spiegel unserer Anteile in uns, die wir noch nicht angenommen haben. Unsere Gefühle wollen uns dann darauf hinweisen, dass in uns etwas nicht im Einklang ist. Unsere Gefühle sind unangenehm um uns zu zeigen, dass hier etwas transformiert werden soll. Situationen, in denen ein anderer Mensch etwas in uns auslöst, ist eine Chance, die Gefühle anzunehmen und in die Arme zu schließen. Es ist ein Teil von dir, den du wieder nach Hause lässt. Zu dir! Ein Teil, der dich vollkommener fühlen lassen wird.

Ein Teil von dir, der nun wieder für dich wirken kann, anstatt gegen dich.

Nimm den anderen Menschen in deine Liebe und du nimmst einen Teil von dir wieder in die Liebe.

Wenn du dabei denkst: ‚Dies hat der Mensch nicht verdient', denke bitte daran: Du hast es verdient, wieder zu dir zu finden und mit dir im Einklang zu leben.

Mache es für dich!

Fange mit einem neutralen Gefühl zu diesem Menschen an. Du wirst bald in der Lage sein, die Liebe zu spüren. Du wirst in der Lage sein, zu sehen, dass dieser Mensch dir dabei geholfen hat, einen Teil von dir zu zeigen, den du nicht sehen wolltest.

Schau dich um in der Schule des Lebens. Sie ist so einfach, wenn du dazu bereit bist, über deinen eigenen Schatten zu springen!

Es liegt an dir, was du aus diesem Wissen machst.

Nun hast du einen Wegweiser mit Gesetzen und Regeln, die ihre Wirkung erst dann entfalten, wenn du diese lebst. Habe keinen Zweifel, dass diese Gesetze, kosmische Gesetze sind, die universell für jeden gelten. Du kannst sie nicht umgehen, solange du in der Dualität lebst. In der Dualität bist du diesen Gesetzen unterworfen. Zweifelst du an diesen Gesetzen, wirst du weiterhin deine Zweifel sehen und diese haben nichts mit den Gesetzen zu tun. Alles, was du im Außen als negativ oder positiv siehst, ist ein Spiegel deiner SELBST. Beginne nun, den Spiegel zu beobachten und werte nicht in Situationen, die du vorher gewertet hast. Gib den Dingen eine Chance, sich so zu zeigen, wie sie sind und nicht so, wie du sie mal gesehen hast. Zeiten ändern sich. Du änderst dich. Nichts ist so beständig, wie der Wandel.

Lese dieses Buch nach einiger Zeit nochmals und du wirst erkennen, dass du vieles mit anderen Augen sehen kannst. Diese Bestätigung ist wichtig für dich und wird deinen Weg beschleunigen. Du wirst ein größeres Vertrauen entwickeln, dass deiner Entwicklung besonders nützlich sein wird. Der Weg in die Glückseligkeit ist ein Prozess. Ein Beobachten und Lernen. Ein Annehmen und Los-

lassen. Ein Erkennen und Transformieren. Auf deinem Weg werden dir neue Menschen begegnen und alte werden dich verlassen. Du musst aber niemanden verlassen, um zu dir zu finden. Du brauchst dir nur klarzumachen, dass dich nichts daran hindern kann, dich selbst zu finden. Nur der Gedanke, dass jemand anderes deinen Weg stören könnte, stört deinen Weg. Es ist der Gedanke, der zwischen dir und dir steht. Räume den Gedanken weg und du bist. Wie du nun deinen Weg beginnst, überlasse ganz deinen Gefühlen. Irgendwann werden die Gefühle dich leiten und du wirst im Herzen leben. Dies ist der Punkt, an dem du deinem Herzen erlaubst, die Führung zu übernehmen.

Das Herz kennt den Weg, der ab da keiner mehr ist.

Ich wünsche dir aus tiefstem Herzen, dass du deinen Weg findest.

Dein Walter Müller

Über den Autor

Der Autor Walter Müller gehört zu den Menschen, die schon in jungen Jahren mehr von seiner Umwelt wahrgenommen hat, dies aber nicht weiter entwickelte, weil es nicht in diese ‚Gesellschaft' passte.

Durch viele Höhen und Tiefen fand er später zu seiner Begabung, intuitiv Texte zu schreiben, und den Menschen ein Wegbegleiter zu sein.

Seine Texte veröffentlichte er erstmals über Facebook, wo er nach kürzester Zeit wöchentlich bis zu 50.000 Leser in seinen Bann zog.

Er hat die Begabung, Probleme in kurzen Worten aufzuschlüsseln und zu verdeutlichen, wo die Lösung zu finden ist.

Er absolvierte Ausbildungen zum Hypnotiseur, psychologischen Berater, Selbstfindungscoach, spiritueller Lehrer, sowie Reikilehrer und Reikimeister, um letztendlich zu erkennen, dass die Einfachheit, die in jedem von uns schlummert, der Schlüssel zu allem Glück ist.

Er erkannte, dass die Menschen auf der Suche nach sich selbst sind. Dieses Buch soll das verdeutlichen und den Weg zu sich selbst ein wenig beschleunigen.

Walter Müller ist der Meinung: ‚Der Sinn unseres Lebens besteht darin, sich selbst zu finden und auf diesem Weg Erfahrungen zu machen. Erfahrungen können wir nur machen, wenn wir das Leben nicht mehr als Problem, sondern als Aufgabe sehen.

Der Mensch erkennt dies nur so schwer, weil es so einfach ist. Nur weil der Mensch es sich nicht vorstellen kann, dass er für sein Glück nichts tun muss, wird er nicht in der Lage sein, es zu leben.

Wir haben das ganze Leben beigebracht bekommen, dass wir viel dafür tun müssen, um etwas zu erreichen.

Beim Glück und der Liebe ist es das EINFACH SEIN … sich so annehmen, wie man ist, um dann seine wahre Natur zu erkennen und diese zu entfalten.'

Diese Botschaften möchte der Autor dem Leser mit auf den Weg zu sich selbst geben. Ein Wegbegleiter, bis der Leser seinen Weg gefunden hat.

Walter Müller hat seine Begabung zum Beruf gemacht, als Selbstfindungscoach. Sein Anliegen ist es, dich mit seiner Arbeit wieder in ein glücklicheres Leben zu begleiten. „SeelenLicht“

www.THERCELSUS.de

Ein weiteres Buch des Autors:

Buchbeschreibung:

Du bist das Glück

Ein Buch zum neuen Bewusstsein. Es ist für jeden einfach, wieder in ein glückliches Leben zu finden. Einfach, wenn wir wieder lernen, unserem Herzen zu folgen. Unser Verstand ist nicht in der Lage, uns ein glückliches Leben zu ermöglichen.

Nur wie komme ich wieder in mein Herz?

Die Botschaften in diesem Buch bewirken, dass das Herz sich wieder öffnet. Sie lösen Transformationen in dir aus, die den Geist ruhiger werden lassen.
Das Herz wird wieder die Freiheit bekommen, die es braucht. Jedes Lächeln, dass durch die Texte bei dir ausgelöst wird, ist ein Auflösen von einem alten Gedanken-Konstrukt, das dich auf deinem Weg eingeschränkt hat. Du wirst dich oft in den Texten wiederfinden und die Lösung in dir fühlen können.
Lass dich wieder von deinem wahren Glückfinder führen. Du wirst Vertrauen erfahren und erkennen, wie einfach es ist, wenn man wieder auf sein Herz hört.

Du glaubst mir nicht? Dann lese bitte die Rezension von anderen Lesern unter:

http://www.amazon.de/product-reviews/1480294667

Sie werden mehr aussagen, als ich es dir vermitteln könnte.

- ***Taschenbuch:*** *176 Seiten*
- ***Verlag:*** *CreateSpace Independent Publishing Platform (11. November 2012)*
- ***Sprache:*** *Deutsch*
- ***ISBN-10:*** *1480294667*
- ***ISBN-13:*** *978-1480294660*
- ***Größe und/oder Gewicht:*** *21,4 x 13,8 x 1,4 cm*

Der Autor und sein Wirkungsbereich:

Ganzheitliche Methoden zur Bewusstseins-entwicklung

Walter Müller

Autor
Persönlichkeitstrainer und Selbstfindungscoach
Hypnose
Heilmeditation und Wach Trance
Familienaufstellung
Paar- und Einzelberatung
Reiki
Seminare, Vorträge

www.Therclsus.de

www.Heilsteine-Weihrauch.de

Danke!

Buchtipp der Autorin Kerstin Werner

Erhältlich über: www.amazon.de

2515674R00070

Printed in Germany
by Amazon Distribution
GmbH, Leipzig